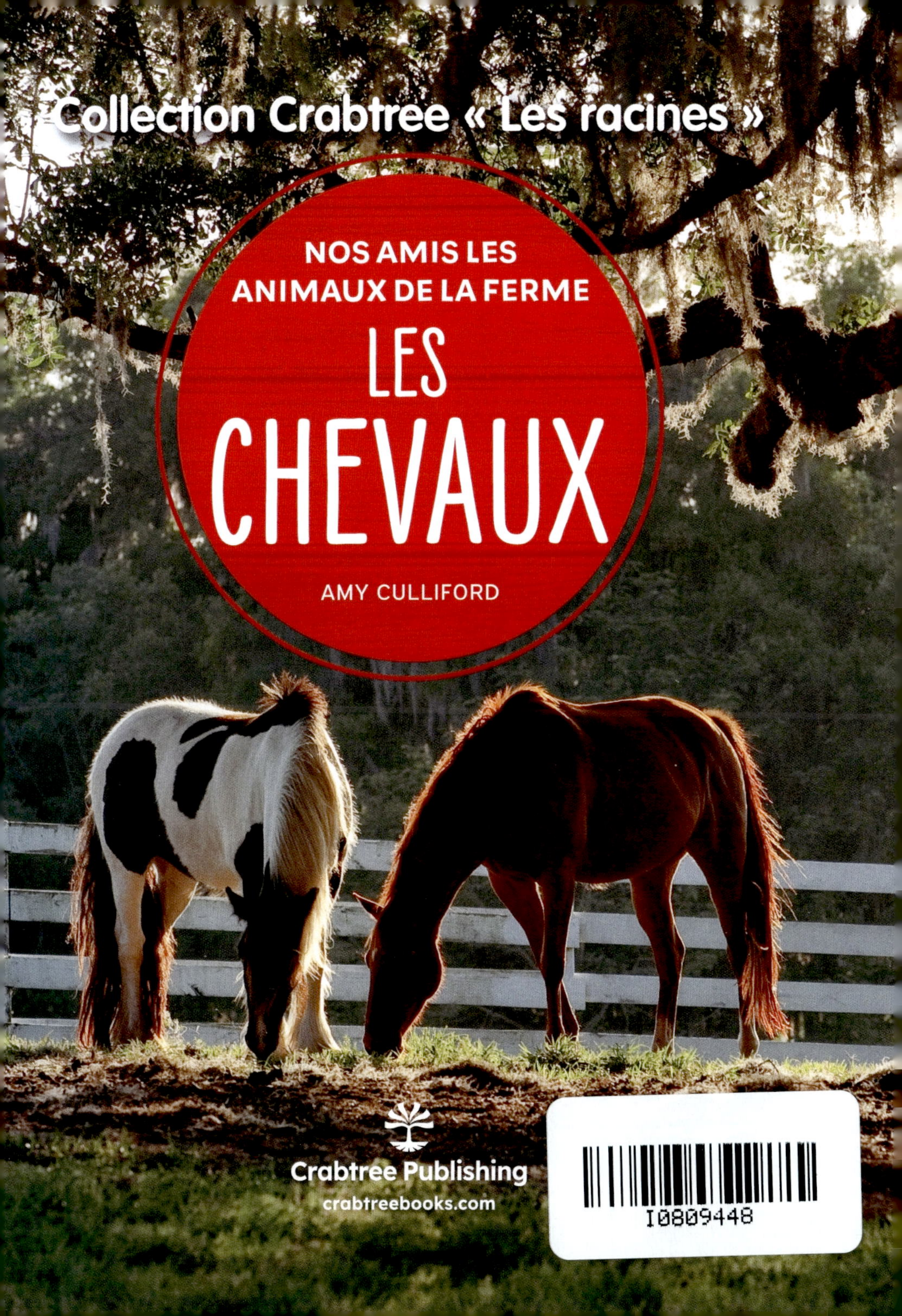

Collection Crabtree « Les racines »

NOS AMIS LES ANIMAUX DE LA FERME

LES CHEVAUX

AMY CULLIFORD

Crabtree Publishing
crabtreebooks.com

Soutien de l'école à la maison pour les gardien(ne)s et les enseignant(e)s.

Ce livre aide les enfants à se développer grâce à la pratique de la lecture. Voici quelques exemples de questions pour aider le(a) lecteur(-trice) à développer ses capacités de compréhension. Des suggestions de réponses sont indiquées en rouge.

Avant la lecture

- De quoi ce livre parle-t-il?
    - *Ce livre parle des chevaux.*
    - *Ce livre parle des chevaux vivant sur une ferme.*
- Qu'est-ce que je veux savoir sur ce sujet?
    - *Je veux savoir ce que mangent les chevaux.*
    - *Je veux savoir de quelles couleurs peut être un cheval.*

Durant la lecture

- Je me demande pourquoi...
    - *Je me demande pourquoi les gens montent à cheval.*
    - *Je me demande pourquoi les chevaux sont de différentes couleurs.*
- Qu'est-ce que j'ai appris jusqu'à présent?
    - *J'ai appris que les chevaux aiment boire de l'eau.*
    - *J'ai appris que les chevaux aiment courir.*

Après la lecture

- Nomme quelques détails que tu as retenus.
    - *J'ai appris que les chevaux mangent de l'herbe.*
    - *J'ai appris que les chevaux aiment sauter.*
- Lis le livre à nouveau et recherche des mots de vocabulaire.
    - *Je vois le mot* ***boire*** *à la page 6 et le mot* ***herbe*** *à la page 8. Les autres mots de vocabulaire se trouvent à la page 14.*

Voici un **cheval**.

Les chevaux peuvent être noirs, blancs ou bruns.

Tous les chevaux aiment **boire** de l'eau.

Tous les chevaux mangent de l'**herbe**.

Les gens peuvent monter à cheval.

Tous les chevaux aiment courir, sauter et jouer!

Liste de mots

Les mots utilisés

à
aiment
blancs
bruns
chevaux
courir
de l'eau
et
être
gens
jouer
les
mangent
monter
noirs
peuvent
sauter
tous
un
voici

La boîte à mots

boire

cheval

herbe

38 mots

Voici un **cheval**.

Les chevaux peuvent être noirs, blancs ou bruns.

Tous les chevaux aiment **boire** de l'eau.

Tous les chevaux mangent de l'**herbe**.

Les gens peuvent monter à cheval.

Tous les chevaux aiment courir, sauter et jouer!

NOS AMIS LES ANIMAUX DE LA FERME

LES CHEVAUX

Crabtree Publishing

crabtreebooks.com 800-387-7650

Au Canada : Nous reconnaissons l'appui financier du gouvernement du Canada par l'entremise du Fonds du livre du Canada pour nos activités de publication.

Catalogage avant publication de Bibliothèque et Archives Canada

Titre: Les chevaux / Amy Culliford ; traduction : Claire Savard.
Autres titres: Horses. Français
Noms: Culliford, Amy, 1992- auteur.
Description: Mention de collection: Nos amis les animaux de la ferme | Collection Crabtree "Les racines" | Traduction de : Horses.
Identifiants: Canadiana (livre imprimé) 20210129433 | Canadiana (livre numérique) 20210129468 | ISBN 9781427136312 (couverture souple) | ISBN 9781427139498 (EPUB) | ISBN 9781427136992 (HTML)
Vedettes-matière: RVM: Chevaux—Ouvrages pour la jeunesse.
Classification: LCC SF302 .C8514 2021 | CDD j636.1—dc23

Publié au Canada
Crabtree Publishing
616 Welland Ave.
St. Catharines, Ontario
L2M 5V6

Publié aux États-Unis
Crabtree Publishing
347 Fifth Avenue
Suite 1402-145
New York, NY, 10016

Autrice : Amy Culliford
Conception : Rhea Wallace
Développement des séries : James Earley
Conseillère pédagogique : Christina Lemke M.Ed.
Traduction : Claire Savard
Photographies :
Shutterstock : Henk Vrieselaar : couverture (haut à gauche); Jesus Cervantes : couverture (haut à droite); Barry Fowler : couverture (bas); Kent Weakley : p. 1; James Kirkikis : p. 3, 14; Lillac : p. 4-5; Andrej Kubik : p. 7, 14; Sheeval : p. 9, 14; RMC42 : p. 11; pirita : p. 12

Paperback	978-1-4271-3631-2
Ebook (pdf)	978-1-4271-3699-2
Epub	978-1-4271-4917-6
Read-along	978-1-4271-3949-8
Audio book	978-1-4271-4901-5

Imprimé au Canada/022024/CP20240215